Impressum
Verlag: BABADADA GmbH, Nedderfeld 112 , 22529 Hamburg
Geschäftsführer / Verlagsleitung: Harald Hof
Druck: Books on Demand GmbH, In de Tarpen 42, 22848 Norderstedt

Imprint
Publisher: BABADADA GmbH, Nedderfeld 112 , 22529 Hamburg, Germany
Managing Director / Publishing direction: Harald Hof
Print: Books on Demand GmbH, In de Tarpen 42, 22848 Norderstedt, Germany

escuela

школа

aula
класна кімната
dividir
ділити
186/2
pizarra
дошка
patio
шкільний двір
maestro/a
вчитель
papel
папір
escribir
писати
bolígrafo
ручка
escritorio
письмовий стіл
regla
лінійка
libro
книга
alumno/a
учень

cartera

ранець

caja de lápices

пенал

lápiz

олівець

sacapuntas

точило

goma de borrar

гумка

cuaderno de dibujo

альбом для малювання

dibujo

малюнок

pincel

пензель

caja de pinturas

коробка фарб

tijeras

ножиці

pegamento

клей

cuaderno de ejercicios

зошит

deberes

домашнє завдання

número

число

sumar

додавати

restar

віднімати

multiplicar

множити

calcular

рахувати

letra

літера

alfabeto

абетка

palabra

слово

texto

текст

leer

читати

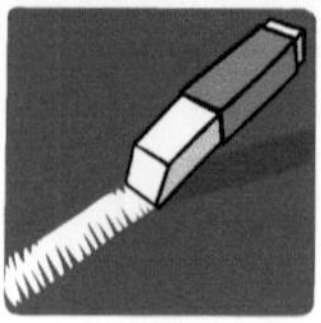

tiza

крейда

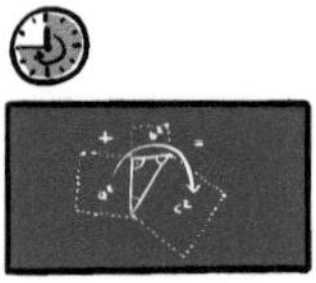

lección

година

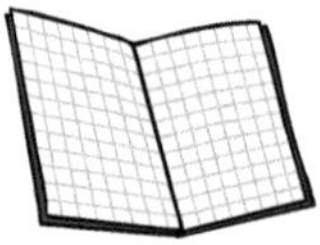

cuaderno de notas

класний журнал

examen

екзамен

certificado

диплом

uniforme escolar

шкільна форма

educación

освіта

enciclopedia

лексикон

universidad

університет

microscopio

мікроскоп

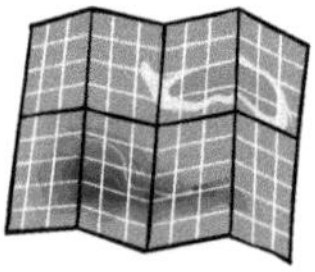

mapa

карта

papelera

кошик для паперу

viaje

подорож

hotel
готель
Grand
albergue
турбаза
ROOMS
oficina de cambio de divisas
обмінний пункт
maleta
валіза
coche
автомобіль

idioma
....
мова

sí / no
....
так / ні

Vale
....
добре

hola
....
привіт

traductor
....
перекладач

Gracias
....
дякую

¿cuánto es...?

Скільки коштує ...?

No entiendo

Я не розумію

problema

проблема

¡Buenas tardes!

Добрий вечір!

¡Buenos días!

Доброго ранку!

¡Buenas noches!

На добраніч!

adiós

До побачення

dirección

напрямок

equipaje

багаж

bolsa

сумка

mochila

рюкзак

invitado

гість

habitación

кімната

saco de dormir

спальний мішок

tienda de campaña

намет

información turística

туристична інформація

playa

пляж

tarjeta de crédito

кредитна картка

desayuno

сніданок

almuerzo

обід

cena

вечеря

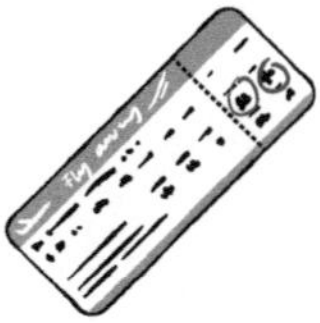

billete

квиток

ascensor

ліфт

sello

поштова марка

frontera

межа

aduana

митниця

embajada

посольство

visa

віза

pasaporte

паспорт

transporte

транспорт

avión
літак
barco
корабель
coche de bomberos
пожежна машина
autobús
автобус
camión
вантажний автомобіль
lancha a motor
моторний човен
bicicleta
велосипед
coche
автомобіль

transbordador
....
пором

barca
....
човен

moto
....
мотоцикл

coche de policía
....
поліцейська машина

coche de carreras
....
гоночний автомобіль

coche de alquiler
....
автомобіль на прокат

préstamo de vehículos

спільне користування авто

grúa

евакуатор

camión de la basura

сміттєвоз

motor

двигун

gasolina

паливо

gasolinera

автозаправна станція

señal de tráfico

дорожній знак

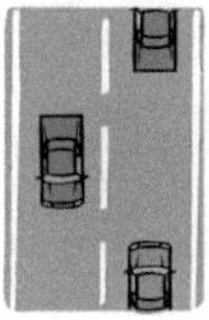

tráfico

рух

atasco

затор

aparcamiento

стоянка

estación de tren

вокзал

vías

рейки

tren

потяг

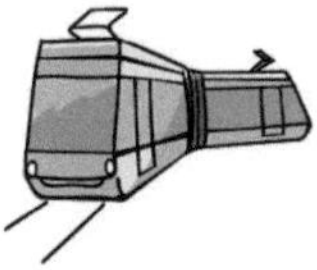

tranvía

трамвай

vagón

вагон

helicóptero

гелікоптер

aeropuerto

аеропорт

torre

вежа

pasajero

пасажир

contenedor

контейнер

caja de cartón

коробка

carretilla

візок

cesta

кошик

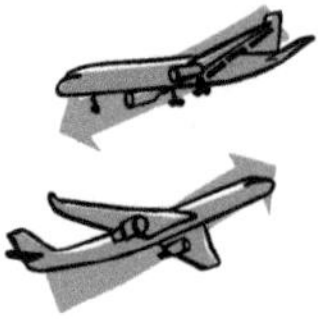

despegar / aterrizar

стартувати / приземлятися

ciudad

місто

pueblo

село

centro de ciudad

центр міста

casa

дім

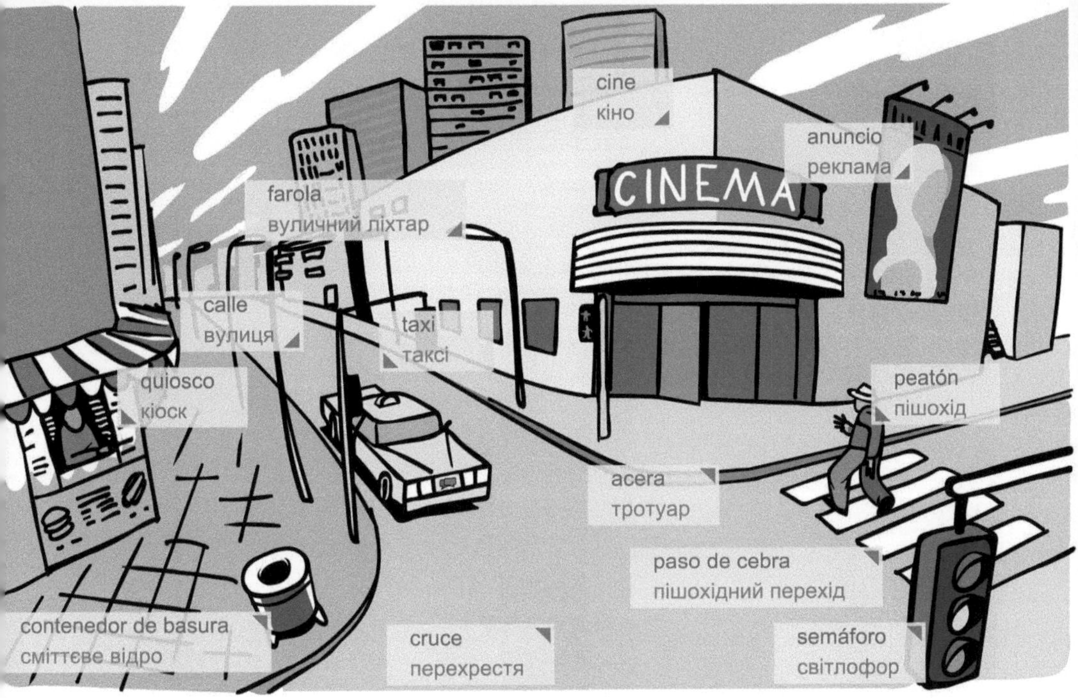
CINEMA
cine
кіно
anuncio
реклама
farola
вуличний ліхтар
calle
вулиця
taxi
таксі
quiosco
кіоск
peatón
пішохід
acera
тротуар
paso de cebra
пішохідний перехід
contenedor de basura
сміттєве відро
cruce
перехрестя
semáforo
світлофор

cabaña

хатина

apartamento

квартира

estación de tren

вокзал

ayuntamiento

ратуша

MUSEUM

museo

музей

escuela

школа

universidad

університет

banco

банк

hospital

лікарня

hotel

готель

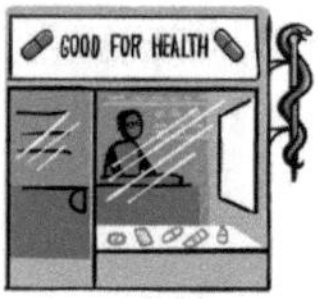

farmacia

аптека

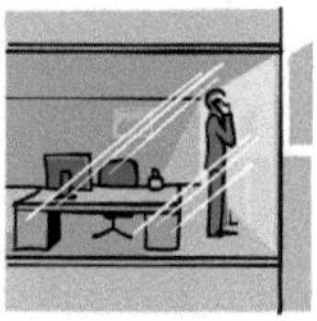

oficina

офіс

librería

книжковий магазин

tienda

магазин

floristería

квітковий магазин

supermercado

супермаркет

mercado

ринок

grandes almacenes

універмаг

pescadería

торговець рибою

centro comercial

торговельний центр

puerto

гавань

parque

парк

banco

лава

puente

міст

escaleras

сходи

metro

метро

túnel

тунель

parada de autobús

автобусна зупинка

bar

бар

restaurante

ресторан

buzón

поштова скринька

poste indicador

вулична табличка

parquímetro

лічильник паркування

zoo

зоопарк

piscina

басейн

mezquita

мечеть

granja

ферма

contaminación

забруднення навколишнього середовища

cementerio

кладовище

iglesia

церква

patio de juego

дитячий майданчик

templo

храм

paisaje

ландшафт

hoja
листок
señal
вказівний стовп
camino
шлях
prado
луг
piedra
камінь
excursionista
мандрівник
árbol
дерево
río
річка
hierba
трава
flor
квітка

valle

долина

colina

гора

lago

озеро

bosque

ліс

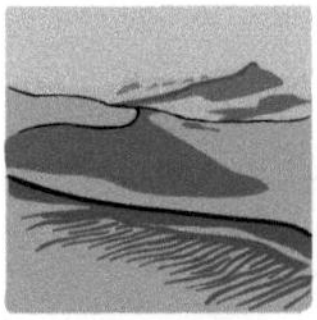

desierto

пустеля

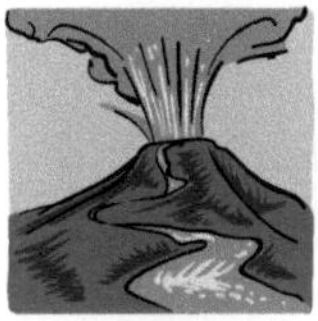

volcán

вулкан

castillo

замок

arcoíris

веселка

champiñón

гриб

palmera

пальма

mosquito

комар

mosca

муха

hormiga

мурашка

abeja

бджола

araña

павук

escarabajo

жук

rana

жаба

ardilla

вивірка

erizo

їжак

liebre

заєць

lechuza

сова

pájaro

птах

cisne

лебідь

jabalí

кабан

ciervo

олень

alce

лось

presa

гребля

turbina eólica

вітряк

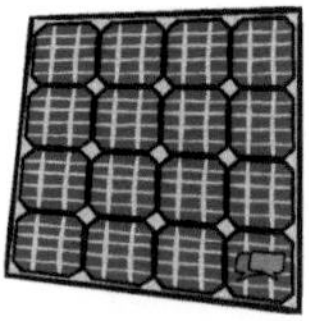

panel solar

сонячний модуль

clima

клімат

camarero
офіціант
menú
меню
silla
стілець
sopa
суп
pizza
піца
mantel
скатертина
cubertería
столові прилади

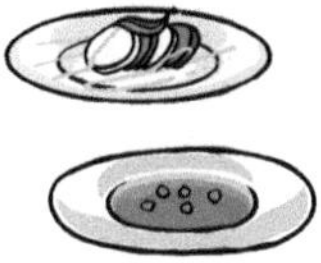

primer plato

закуска

plato principal

друга страва

postre

десерт

bebidas

напої

comida

їжа

botella

пляшка

comida rápida

фаст-фуд

comida callejera

вулична їжа

tetera

чайник

azucarero

цукорниця

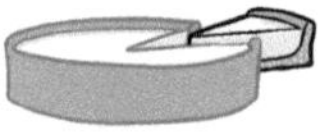

porción

порція

cafetera expreso

еспресо-машина

trona

високий стільчик

cuenta

рахунок

bandeja

піднос

cuchillo

ніж

tenedor

вилка

cuchara

ложка

cucharilla

чайна ложка

servilleta

серветка

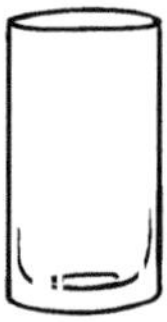

vaso

склянка

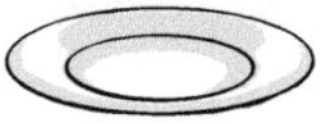

plato

тарілка

plato hondo

тарілка для супу

platillo

блюдце

salsa

соус

salero

солонка

molinillo de pimienta

млин для перцю

vinagre

оцет

aceite

масло

especias

спеції

ketchup

кетчуп

mostaza

гірчиця

mayonesa

майонез

supermercado

супермаркет

oferta especial
пропозиція
FOR
cliente
клієнт
lácteos
молочні продукти
fruta
фрукти
carro de la compra
візок для покупок

BUTCHERS

carnicería

м'ясний магазин

BAKERY

panadería

пекарня

pesar

зважувати

verduras

овочі

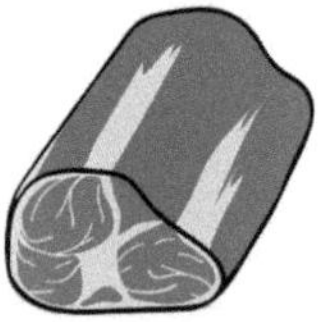

carne

м'ясо

alimentos congelados

заморожені продукти

fiambres

ковбасна нарізка

conservas

консерви

detergente en polvo

пральний порошок

dulces

солодощи

productos de uso doméstico

предмети домашнього побуту

productos de limpieza

мийний засіб

vendedora

продавщиця

caja

каса

cajero

касир

lista de la compra

список покупок

horario de atención al público

часи роботи

cartera

гаманець

tarjeta de crédito

кредитна картка

bolsa

сумка

bolsa de plástico

поліетиленовий пакет

bebidas
напої

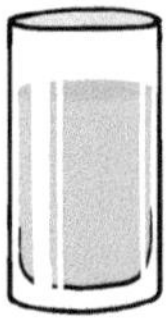

agua

вода

zumo

сік

leche

молоко

cola

кола

vino

вино

cerveza

пиво

alcohol

алкоголь

cacao

какао

té

чай

café

кава

expreso

еспресо

capuchino

капучіно

comida
їжа

plátano

банан

manzana

яблуко

naranja

апельсин

melón

кавун

limón

лимон

zanahoria

морква

ajo

часник

bambú

бамбук

cebolla

цибуля

champiñón

гриб

avellanas

горішки

fideos

локшина

espagueti

спагеті

arroz

рис

ensalada

салат

patatas fritas

картопля фрі

patatas fritas

смажена картопля

pizza

піца

hamburguesa

гамбургер

sándwich

бутерброд

filete

шніцель

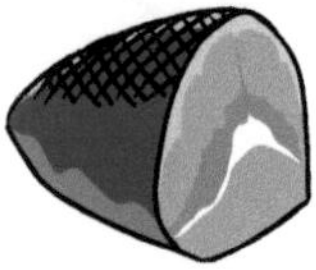

jamón

шинка

salami

салямі

salchicha

ковбаса

pollo

курка

asado

печеня

pescado

риба

copos de avena

вівсяні пластівці

muesli

мюслі

copos de maíz

кукурудзяні пластівці

harina

борошно

cruasán

круасан

panecillo

булочка

pan

хліб

tostada

тостовий хліб

galletas

печиво

mantequilla

масло

cuajada

сир

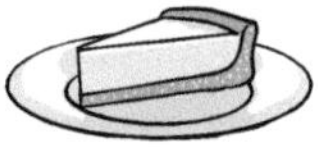

pastel

пиріг

huevo

яйце

huevo frito

яєчня

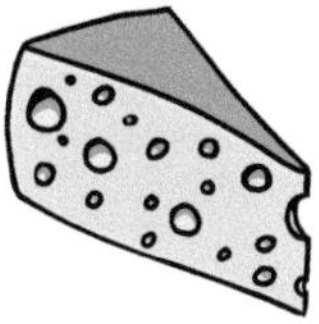

queso

сир

helado

морозиво

azúcar

цукор

miel

мед

mermelada

мармелад

crema de turrón

нуга-крем

curry

карі

granja

ферма

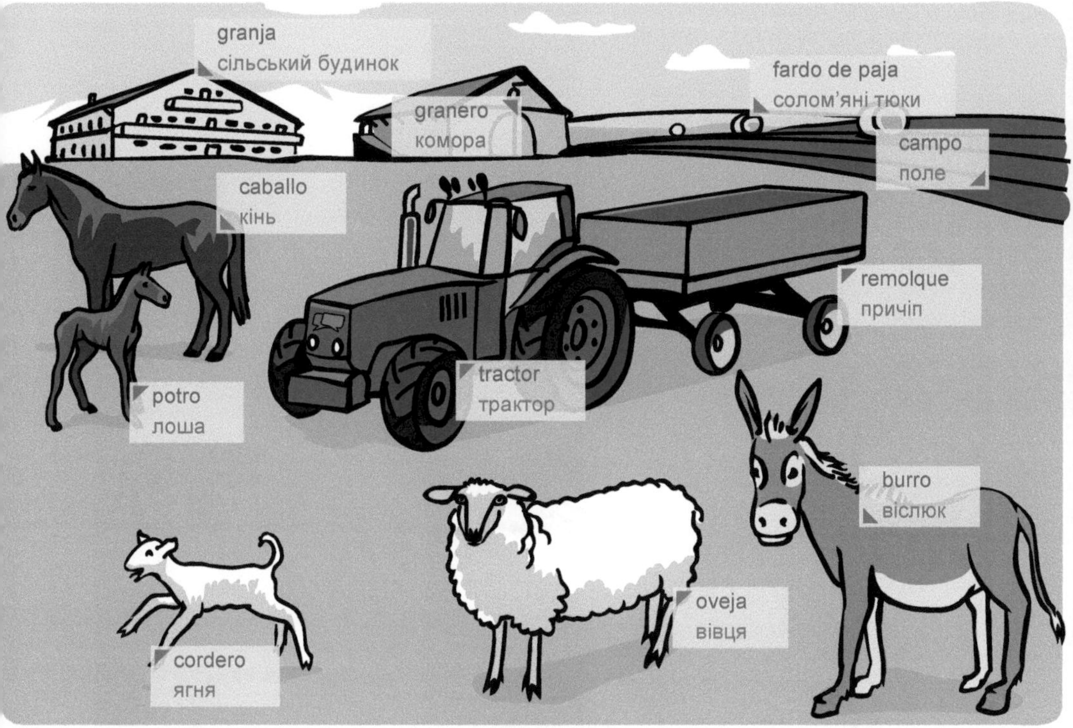
granja
сільський будинок
fardo de paja
солом'яні тюки
granero
комора
campo
поле
caballo
кінь
remolque
причіп
tractor
трактор
potro
лоша
burro
віслюк
oveja
вівця
cordero
ягня

cabra

коза

vaca

корова

ternero

теля

cerdo

свиня

cerdito

порося

toro

бик

ganso

гусак

pato

качка

pollo

курча

gallina

курка

gallo

півень

rata

щур

gato

кіт

ratón

миша

buey

віл

perro

собака

perrera

собача будка

manguera

садовий шланг

regadera

лійка

guadaña

коса

arado

плуг

hoz

серп

azada

мотика

horca

вила

hacha

сокира

carretilla

тачка

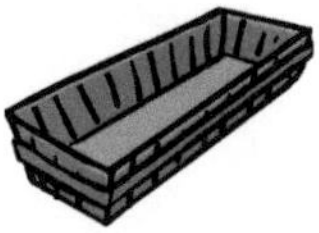

abrevadero

корито

lechera

бідон молока

saco

мішок

valla

паркан

establo

хлів

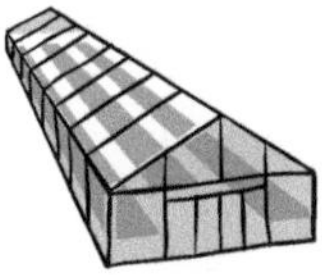

invernadero

теплиця

suelo

ґрунт

semilla

насіння

fertilizador

добриво

cosechadora

комбайн

cosechar

пожинати

cosecha

урожай

ñame

корінь ямсу

trigo

пшениця

soja

соя

patata

картопля

maíz

кукурудза

semilla de colza

ріпак

árbol frutal

плодове дерево

mandioca

маніок

cereales

злаки

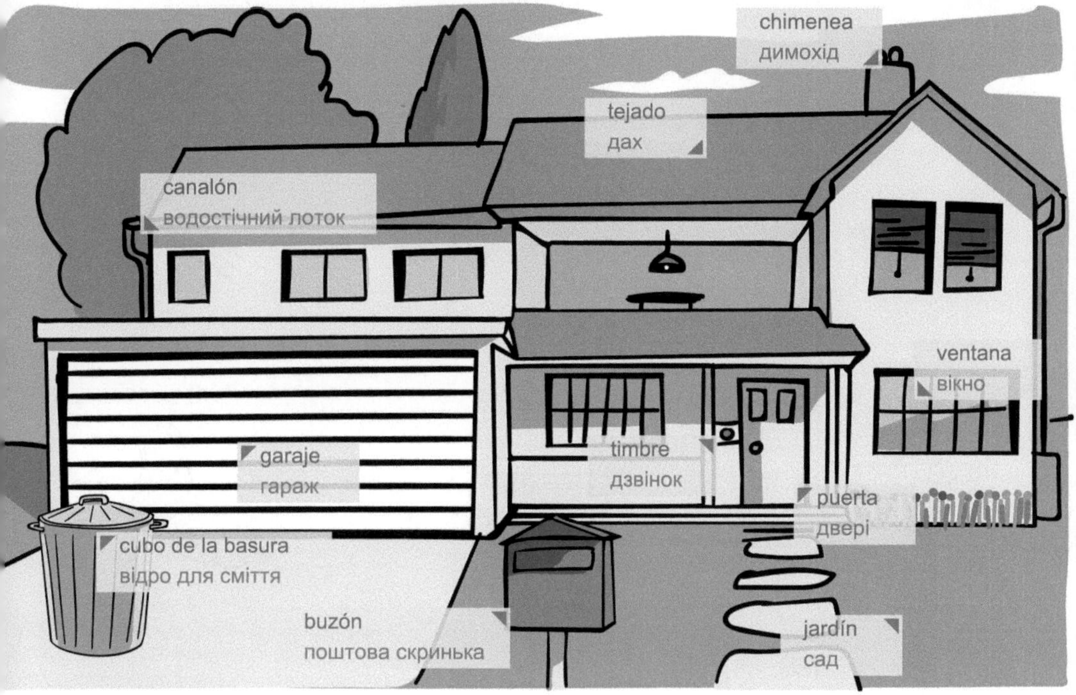
chimenea
димохід
tejado
дах
canalón
водостічний лоток
ventana
вікно
timbre
дзвінок
garaje
гараж
puerta
двері
cubo de la basura
відро для сміття
buzón
поштова скринька
jardín
сад

sala
вітальня

cuarto de baño
ванна кімната

cocina
кухня

dormitorio
спальня

habitación de los niños
дитяча кімната

comedor
їдальня

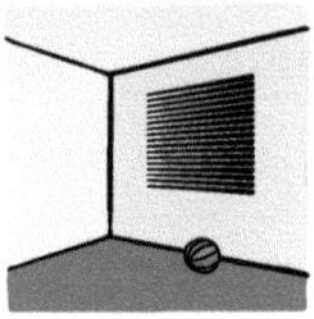

suelo

підлога

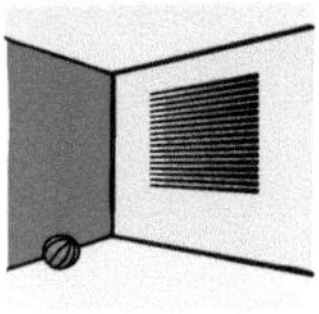

pared

стіна

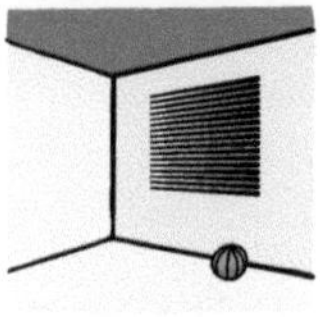

techo

стеля

sótano

підвал

sauna

сауна

balcón

балкон

terraza

тераса

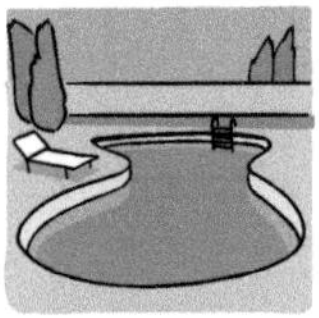

piscina

басейн

cortacésped

косарка

sábana

простирало

colcha

ковдра

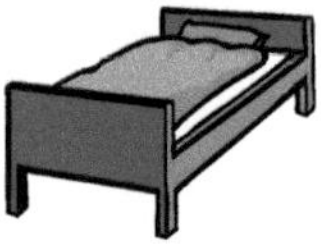

cama

ліжко

escoba

мітла

balde

відро

interruptor

перемикач

sala
вітальня

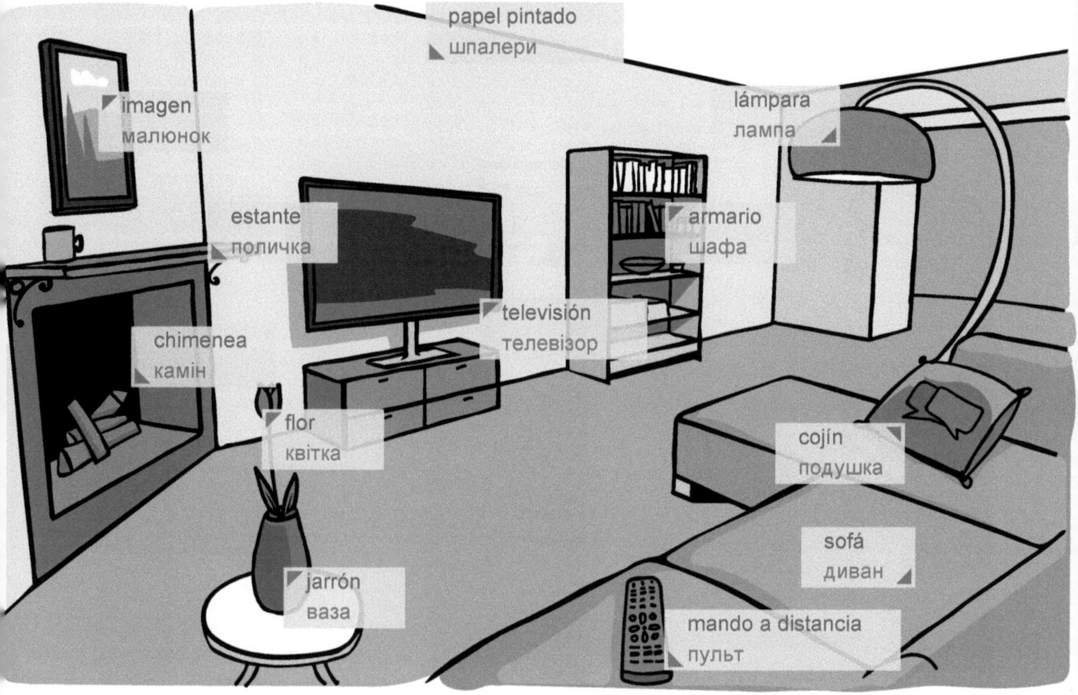

papel pintado
шпалери
imagen
малюнок
lámpara
лампа
estante
поличка
armario
шафа
televisión
телевізор
chimenea
камін
flor
квітка
cojín
подушка
sofá
диван
jarrón
ваза
mando a distancia
пульт

alfombra
килим

cortina
завіса

mesa
стіл

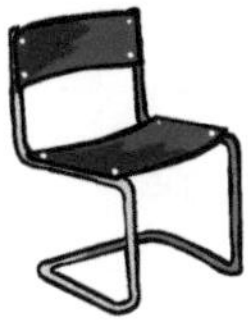
silla
стілець

mecedora
крісло-гойдалка

butaca
крісло

libro

книга

manta

ковдра

decoración

прикраса

leña

дрова

película

фільм

equipo de música

стереосистема

llave

ключ

periódico

газета

pintura

картина

póster

плакат

radio

радіо

cuaderno

блокнот

aspiradora

пилосос

cactus

кактус

vela

свічка

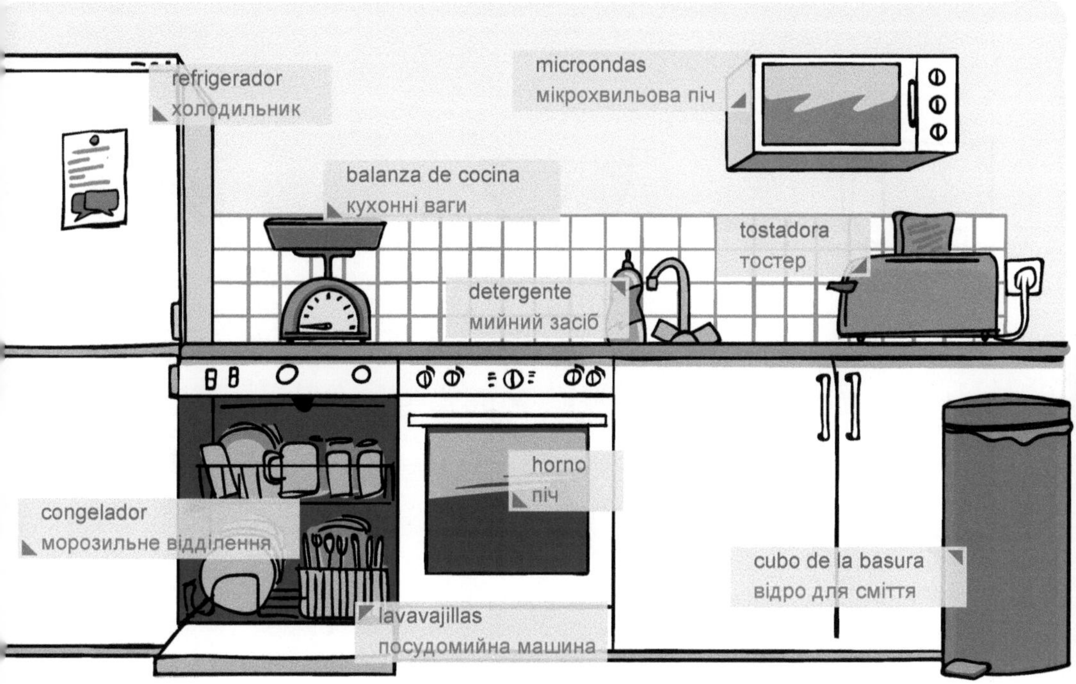

refrigerador
холодильник
microondas
мікрохвильова піч
balanza de cocina
кухонні ваги
tostadora
тостер
detergente
мийний засіб
horno
піч
congelador
морозильне відділення
cubo de la basura
відро для сміття
lavavajillas
посудомийна машина

olla a presión
плита

olla
горщик

olla de hierro fundido
чавунний горщик

wok / karahi
вок / кадай

cazuela
сковорода

hervidor
чайник

vaporera

пароварка

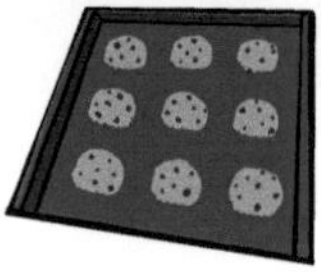

chapa de horno

лист

vajilla

посуд

taza

кухоль

tazón

чаша

palillos

палички для їжі

cucharón

черпак

espumadera

лопатка

batidor

вінчик для збивання

colador

сито

cedazo

сито

rallador

терка

mortero

ступка

barbacoa

барбекю

hoguera

багаття

tabla de picar

....

дошка

rodillo

....

качалка

sacacorchos

....

штопор

lata

....

консерва

abrelatas

....

відкривачка

agarrador

....

прихватки

lavabo

....

раковина

cepillo

....

щітка

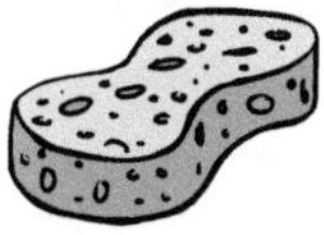

esponja

....

губка

batidora

....

міксер

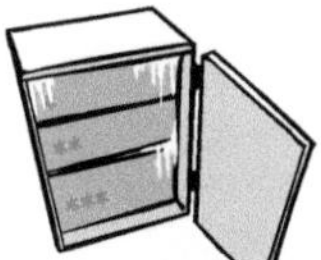

congelador

....

морозильна камера

biberón

....

дитяча пляшка

grifo

....

кран

cuarto de baño

ванна кімната

ducha
душ
calefacción
опалення
toalla
рушник
cortina de la ducha
душова завіса
baño de espuma
піниста ванна
bañera
ванна
vaso
склянка
lavadora
пральна машина
grifo
кран
baldosas
плитка
orinal
горшок
lavabo
раковина

inodoro

туалет

inodoro rústico

підлоговий туалет

bidé

біде

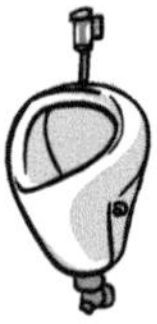

urinario

пісуар

papel higiénico

туалетний папір

escobilla del váter

щітка для туалету

cepillo de dientes

зубна щітка

pasta de dientes

зубна паста

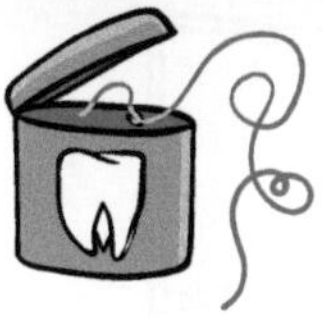

hilo dental

нитка для чищення зубів

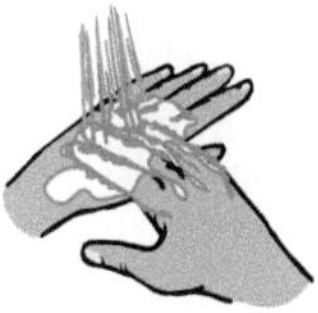

lavar

мити

ducha de mano

ручний душ

ducha íntima

інтимний душ

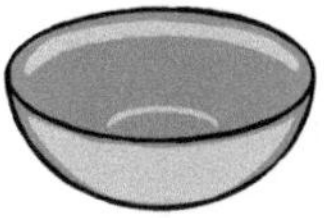

pila

таз

cepillo de espalda

щітка для спини

jabón

мило

gel de ducha

гель для душу

champú

шампунь

toallita

мочалка

desagüe

водостік

crema

крем

desodorante

дезодорант

espejo

дзеркало

espejo de tocador

косметичне дзеркало

maquinilla de afeitar

бритва

espuma de afeitar

піна для гоління

loción postafeitado

лосьйон після гоління

peine

гребінь

cepillo

щітка

secador

фен

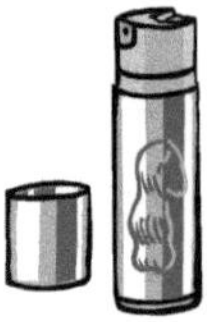

laca

лак для волосся

maquillaje

косметика

pintalabios

губна помада

pintauñas

лак для нігтів

algodón

вата

cortauñas

ножиці для нігтів

perfume

парфум

estuche de viaje

косметичка

banqueta

табурет

balanza

ваги

albornoz

халат

guantes de goma

гумові рукавички

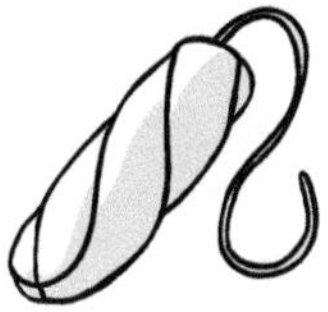

tampón

тампон

compresa

гігієнічні прокладки

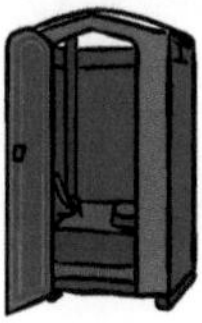

inodoro químico

біотуалет

habitación de los niños
дитяча кімната

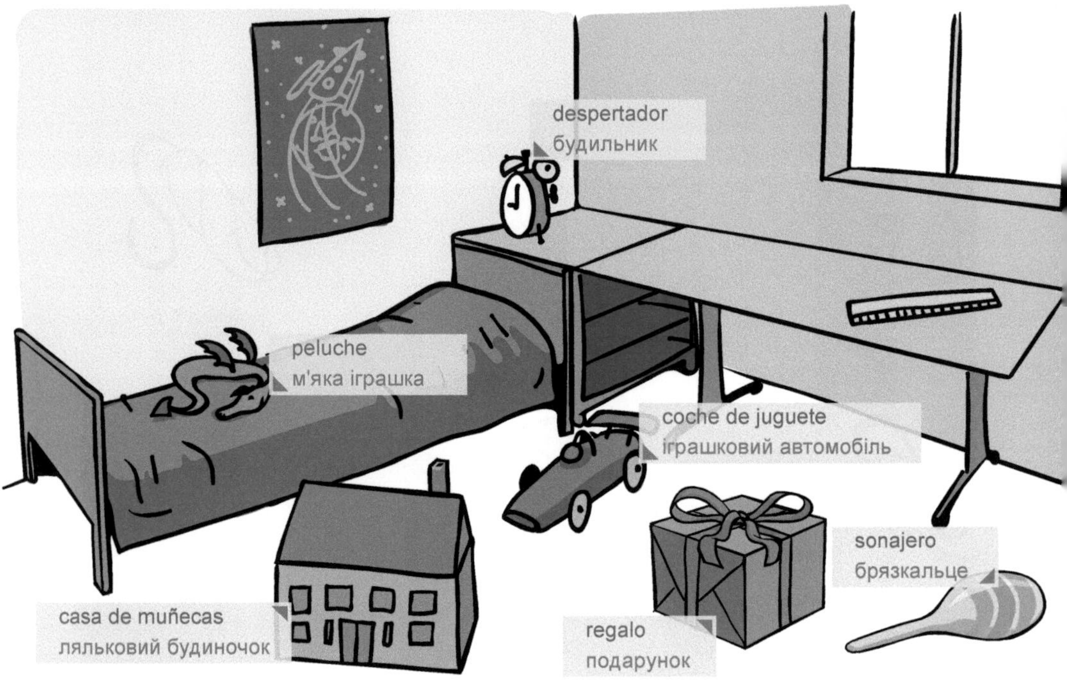

despertador
будильник
peluche
м'яка іграшка
coche de juguete
іграшковий автомобіль
sonajero
брязкальце
casa de muñecas
ляльковий будиночок
regalo
подарунок

globo

повітряна кулька

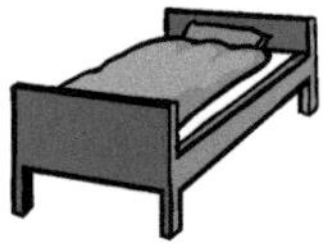

cama

ліжко

coche de niño

дитячий візок

naipes

картярська гра

puzle

пазл

SUPER
MEGA

tebeo

комікс

piezas de lego

лего цеглинки

bloques de juguete

блоки

figura de acción

іграшкова фігурка

bodi (de bebé)

повзунки

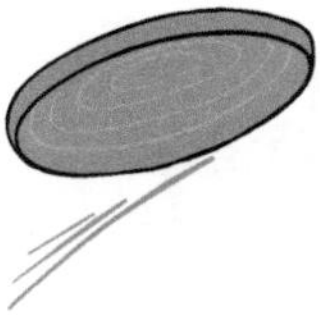

frisbee

фризбі

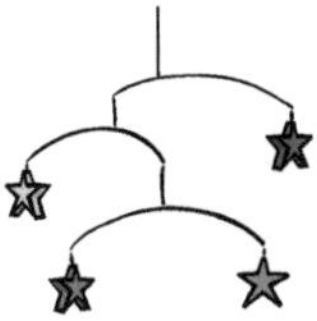

colgador móvil para bebés

мобіле

juego de mesa

настільна гра

dados

кубик

circuito de tren eléctrico

модель залізнична станція

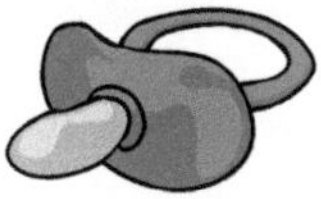

maniquí

соска

fiesta

вечірка

álbum de fotos

книжка з картинками

pelota

м'яч

muñeca

лялька

jugar

грати

cajón de arena

пісочниця

columpio

гойдалка

juguetes

іграшка

videoconsola

гральна консоль

triciclo

триколісний велосипед

oso de peluche

плюшевий мішка

guardarropa

шафа

ropa

одяг

calcetines

шкарпетки

medias

панчохи

leotardos

колготки

bufanda
шарф

paraguas
парасоля

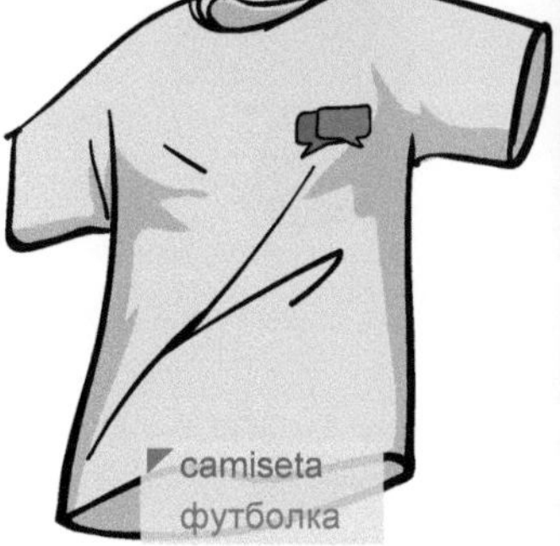
camiseta
футболка

cinturón
ремінь

botas
чоботи

deportivas
кросівки

zapatillas
домашнє взуття

sandalias

сандалі

zapatos

взуття

botas de goma

гумові чоботи

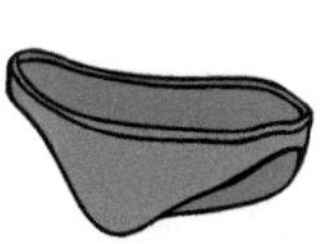

slip

труси

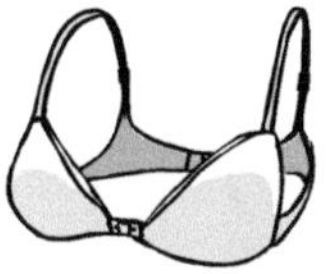

sostén

бюстгальтер

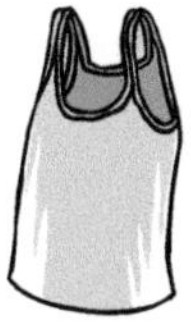

chaleco

нижня сорочка

bodi

боді

pantalones

штани

vaqueros

джинси

falda

спідниця

blusa

блузка

camisa

сорочка

jersey

пуловер

suéter

светр

blazer

піджак

chaqueta

куртка

abrigo

пальто

gabardina

дощовик

traje

костюм

vestido

сукня

vestido de novia

весільна сукня

traje

костюм

camisón

нічна сорочка

pijama

піжама

sari

сарі

bandana

головна хустка

turbante

чалма

burka

бурка

caftán

кафтан

abaya

абая

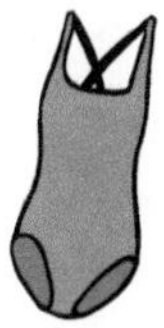

traje de baño

купальник

bañador

плавки

pantalones cortos

шорти

chándal

тренувальний костюм

delantal

фартух

guantes

рукавички

botón

гудзик

gafas

окуляри

brazalete

браслет

collar

ланцюг

anillo

кільце

pendiente

сережка

gorra

шапка

percha

плічка

sombrero

капелюх

corbata

краватка

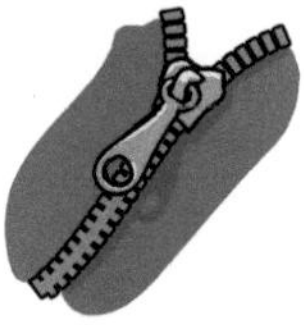

cremallera

застібка-блискавка

casco

шолом

tirantes

підтяжки

uniforme escolar

шкільна форма

uniforme

уніформа

babero

нагрудник

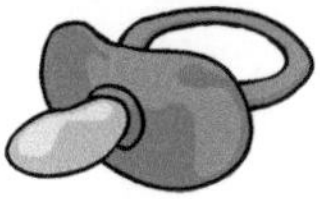

maniquí

соска

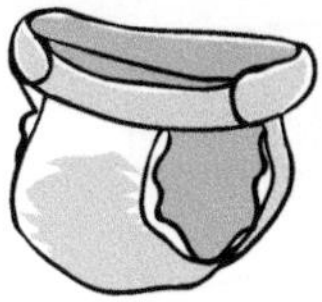

pañal

підгузок

oficina

офіс

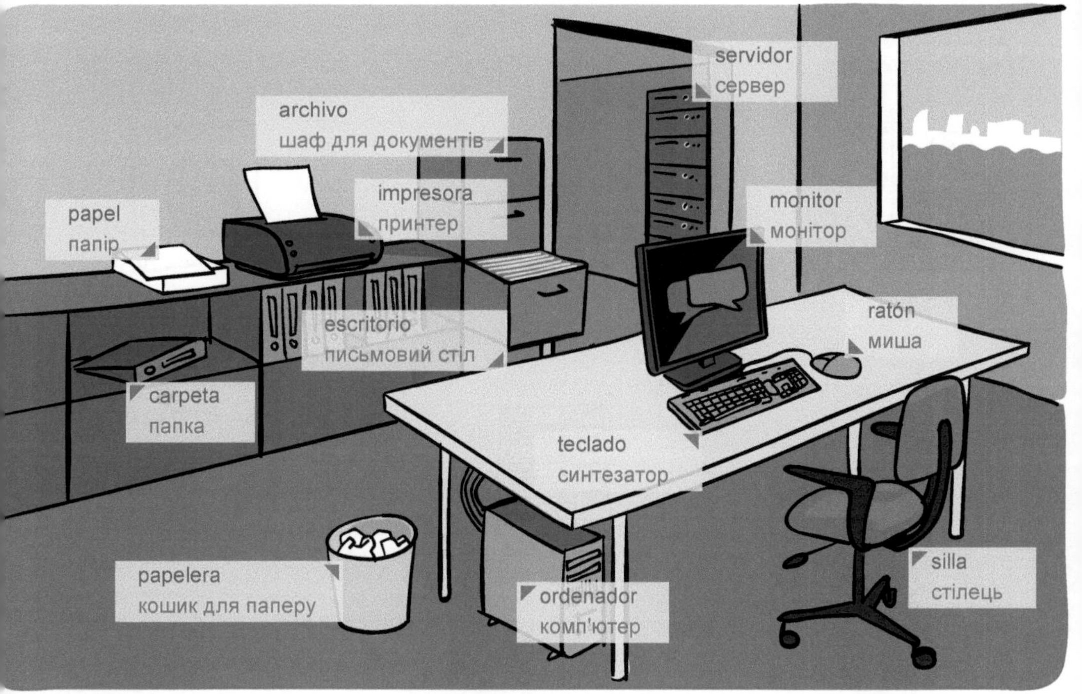

servidor
сервер
archivo
шаф для документів
impresora
принтер
papel
папір
monitor
монітор
ratón
миша
escritorio
письмовий стіл
carpeta
папка
teclado
синтезатор
papelera
кошик для паперу
ordenador
комп'ютер
silla
стілець

taza de café

кавовий кухоль

calculadora

калькулятор

internet

інтернет

portátil

ноутбук

carta

лист

mensaje

повідомлення

móvil

мобільний телефон

red

мережа

fotocopiadora

копіювальний пристрій

software

програмне забезпечення

teléfono

телефон

toma de corriente

розетка

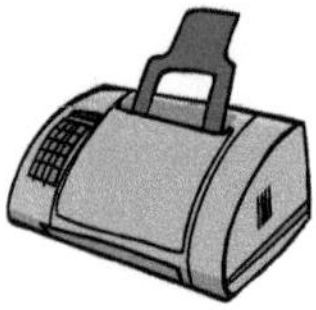

fax

факс

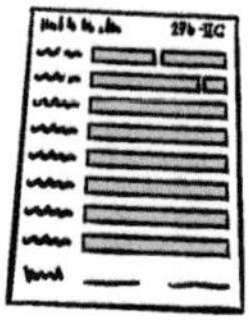

formulario

бланк

documento

документ

economía
економіка

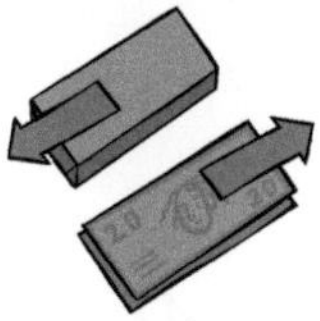

comprar

купувати

pagar

платити

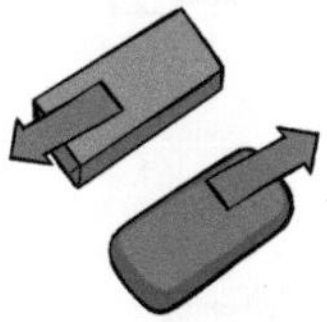

comerciar

торгувати

dinero

гроші

dólar

долар

euro

євро

yen

ієна

rublo

рубль

franco suizo

франк

renminbi yuan

юанів женьміньбі

rupia

рупія

cajero automático

банкомат

oficina de cambio de divisas

обмінний пункт

oro

золото

plata

срібло

petróleo

нафта

energía

енергія

precio

ціна

contrato

контракт

impuesto

податок

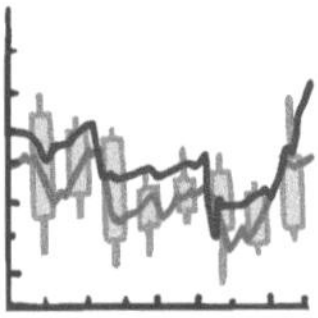

acción

акція

trabajar

працювати

empleado

працівник

empleador

роботодавець

fábrica

фабрика

tienda

магазин

oficios
професії

agente de policía
поліцейський
bombero
пожежник
cocinero
повар
médico
лікар
piloto
пілот

jardinero

садівник

carpintero

столяр

costurera

швачка

juez

суддя

farmacéutico

хімік

actor

актор

conductor de autobús

водій автобуса

taxista

таксист

pescador

рибалка

señora de la limpieza

прибиральниця

techador

покрівельник

camarero

офіціант

cazador

мисливець

pintor

художник

panadero

пекар

electricista

електрик

obrero

будівельник

ingeniero

інженер

carnicero

забійник

fontanero

бляхар

cartero

листоноша

soldado

солдат

arquitecto

архітектор

cajero

касир

florista

флорист

peluquero

перукар

revisor

кондуктор

mecánico

механік

capitán

капітан

dentista

дантист

científico

вчений

rabino

рабин

imán

імам

monje

монах

sacerdote

пастор

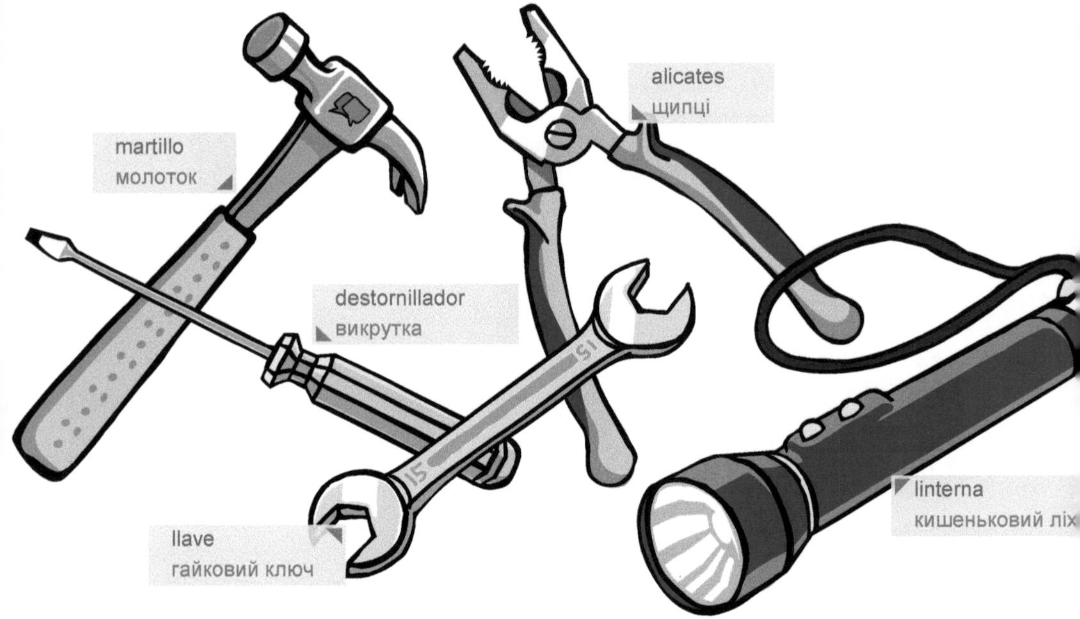

martillo
молоток
alicates
щипці
destornillador
викрутка
llave
гайковий ключ
linterna
кишеньковий ліх

excavadora

екскаватор

caja de herramientas

ящик для інструментів

escalera de mano

драбина

sierra

пилка

clavos

цвяхи

taladro

свердло

reparar

ремонтувати

pala

лопата

¡Maldita sea!

лайно!

recogedor

совок

bote de pintura

відро з фарбою

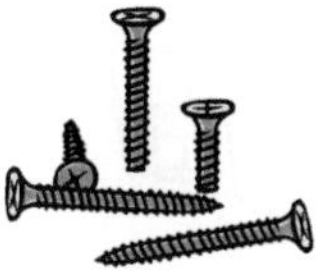

tornillos

гвинти

instrumentos musicales
музичні інструменти

altavoz
динамік
batería
ударна установка
guitarra
гітара
contrabajo
контрабас
trompeta
труба

piano

фортепіано

violín

скрипка

bajo

бас

timbales

литаври

tambor

барабан

teclado

клавіатура

saxofón

саксофон

flauta

флейта

micrófono

мікрофон

zoo
entrada
вхід
tigre
тигр
jaula
клітка
cebra
зебра
pienso
корм
panda
панда

animales
тварини

elefante
слон

canguro
кенгуру

rinoceronte
носоріг

gorila
горила

oso
ведмідь

camello

верблюд

avestruz

страус

león

лев

mono

мавпа

flamingo

фламінго

loro

папуга

oso polar

білий ведмідь

pingüino

пінгвін

tiburón

акула

pavo real

павич

serpiente

змія

cocodrilo

крокодил

guardián de zoológico

працівник зоопарку

foca

тюлень

jaguar

ягуар

poni

поні

leopardo

леопард

hipopótamo

гіпопотам

jirafa

жираф

águila

орел

jabalí

кабан

pescado

риба

tortuga

черепаха

morsa

морж

zorro

лисиця

gacela

газель

deportes

спорт

fútbol americano
американський футбол
ciclismo
їзда на велосипеді
tenis
теніс
baloncesto
баскетбол
natación
плавання
hockey sobre hielo
хокей
boxeo
бокс

fútbol

футбол

bádminton

бадмінтон

atletismo

легка атлетика

balonmano

гандбол

esquí

лижні перегони

polo

поло

actividades
дії

saltar
стрибати
reír
сміятися
abrazar
обіймати
caminar
йти
cantar
співати
soñar
мріяти
rezar
молитися
besar
цілувати

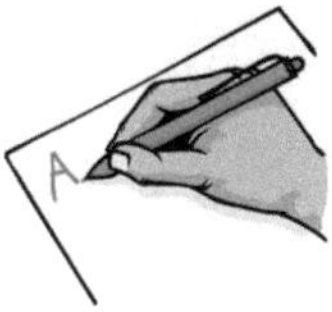

escribir

писати

dibujar

малювати

mostrar

показувати

empujar

тиснути

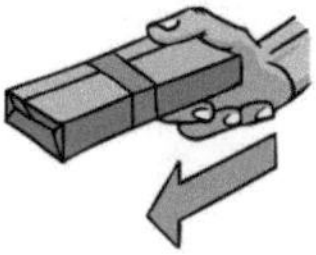

dar

давати

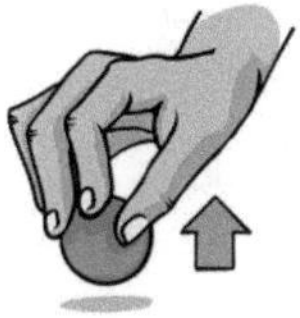

tomar

брати

tener

мати

hacer

робити

ser

бути

estar de pie

стояти

correr

бігати

tirar

тягнути

tirar

кидати

caer

падати

yacer

лежати

esperar

очікувати

llevar

носити

estar sentado

сидіти

vestirse

одягати

dormir

спати

despertar

просипатися

mirar

дивитися

llorar

плакати

acariciar

гладити

peinar

розчісувати

hablar

розмовляти

entender

розуміти

preguntar

питати

escuchar

слухати

beber

пити

comer

їсти

ordenar

прибирати

amar

любити

cocinar

варити

conducir

їхати

volar

літати

navegar

йти під вітрилом

calcular

рахувати

leer

читати

aprender

вчитися

trabajar

працювати

casarse

одружуватися

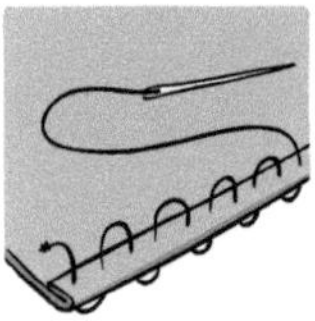

coser

шити

cepillarse los dientes

чистити зуби

matar

убивати

fumar

курити

enviar

посилати

familia
сім'я

abuela
бабуся
abuelo
дідуся
padre
батько
madre
мати
bebé
немовля
hija
донька
hijo
син

invitado

гість

tía

тітка

tío

дядько

hermano

брат

hermana

сестра

cuerpo
тіло

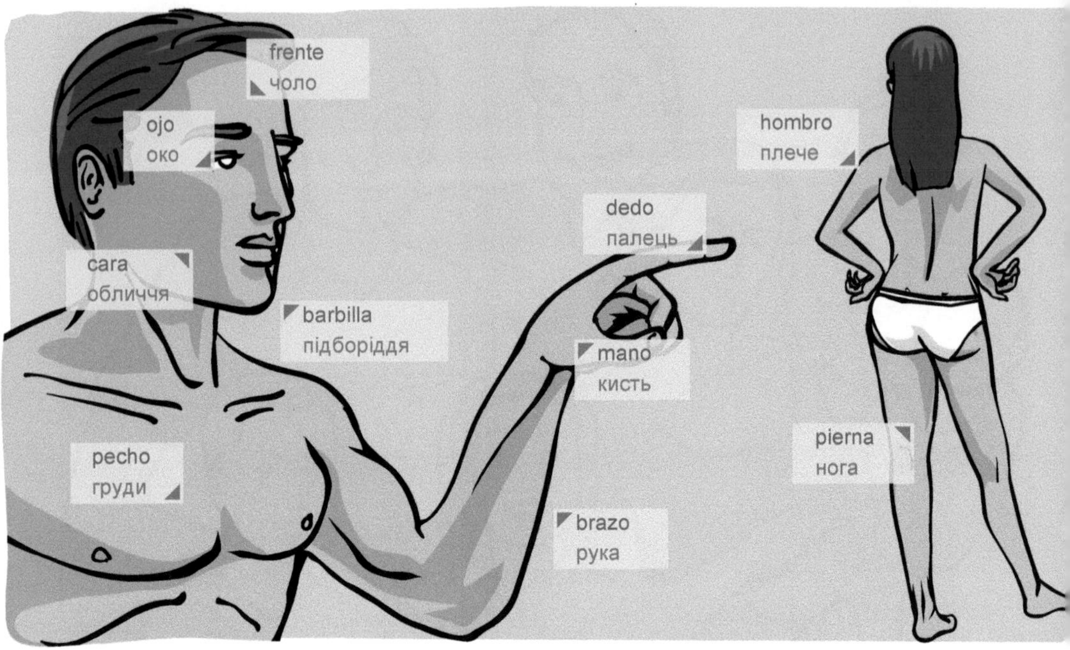
frente
чоло
ojo
око
hombro
плече
dedo
палець
cara
обличчя
barbilla
підборіддя
mano
кисть
pierna
нога
pecho
груди
brazo
рука

bebé
немовля

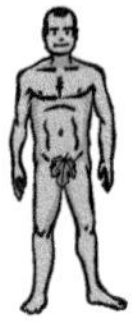
hombre
чоловік

mujer
жінка

chica
дівчина

chico
хлопчик

cabeza
голова

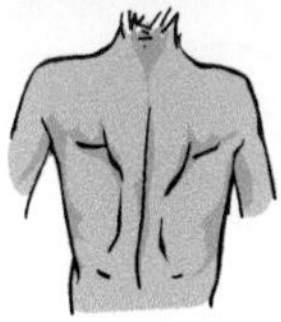

espalda

спина

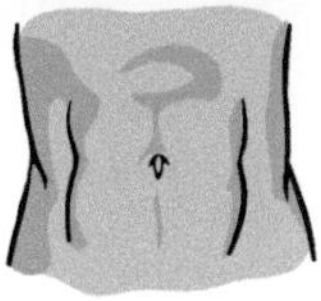

vientre

живіт

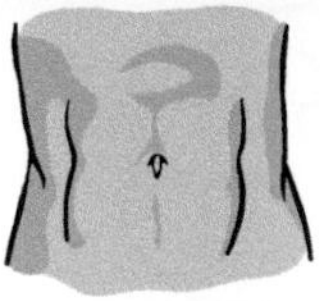

ombligo

пуп

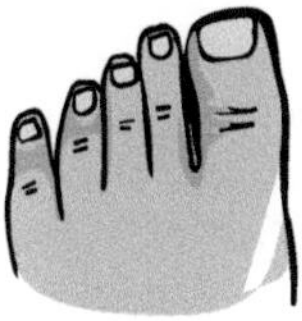

dedo del pie

палець ноги

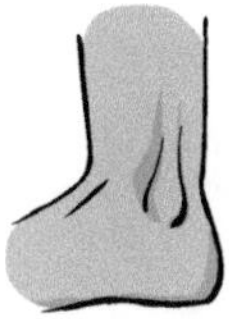

talón

п’ята

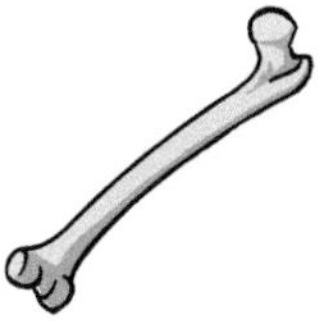

hueso

кістка

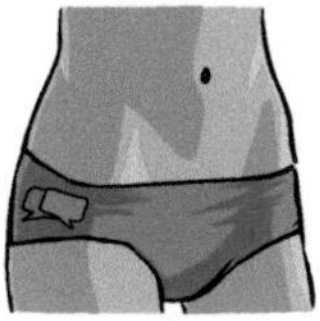

cadera

стегно

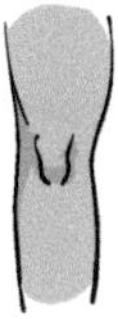

rodilla

коліно

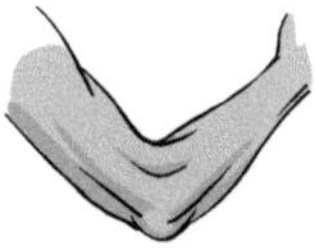

codo

лікоть

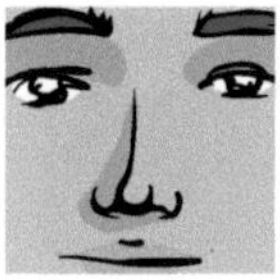

nariz

ніс

trasero

сідниці

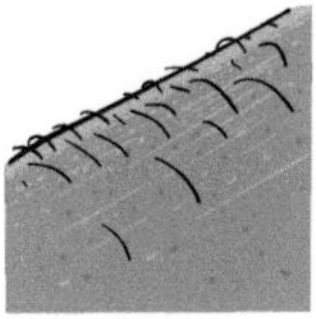

piel

шкіра

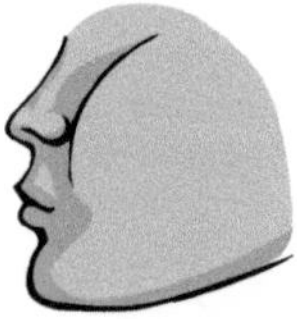

mejilla

щока

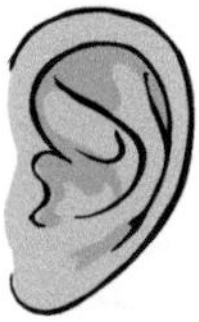

oído

вухо

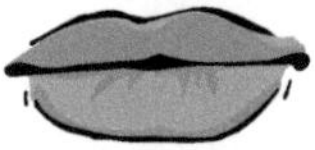

labio

губа

boca

рот

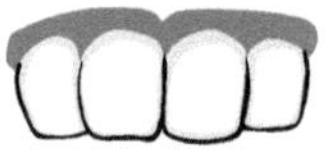

diente

зуб

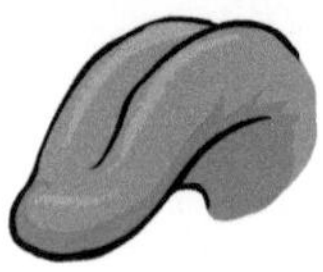

lengua

язик

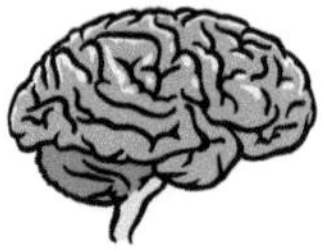

cerebro

мозок

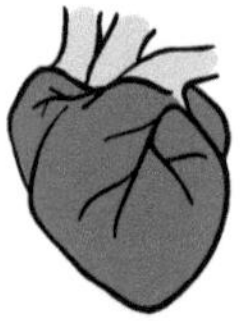

corazón

серце

músculo

м'яз

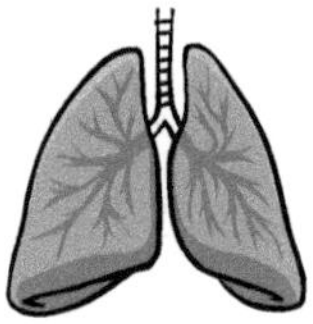

pulmón

легені

hígado

печінка

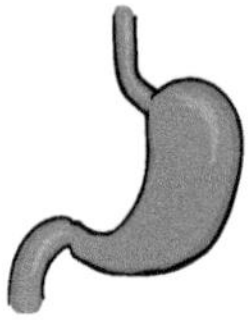

estómago

шлунок

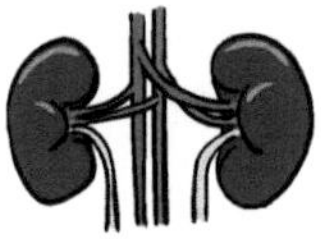

riñones

нирки

sexo

статевий акт

condón

презерватив

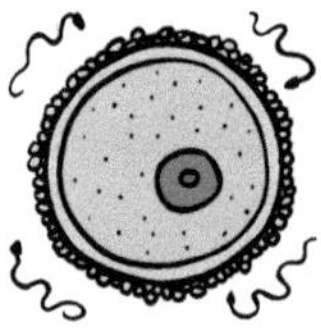

ovario

яйцеклітина

semen

сперма

embarazo

вагітність

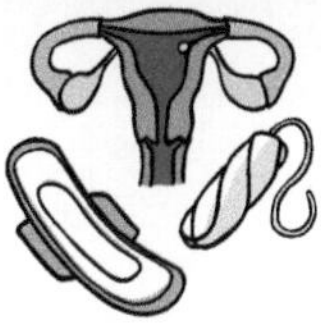

menstruación

менструація

vagina

вагіна

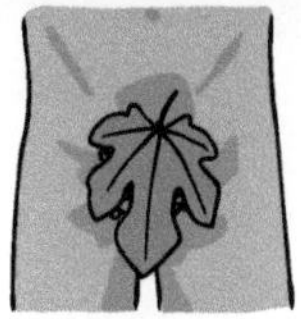

pene

пеніс

ceja

брова

pelo

волосся

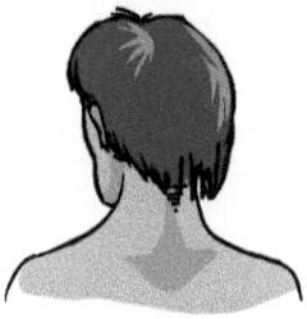

cuello

шия

hospital
лікарня

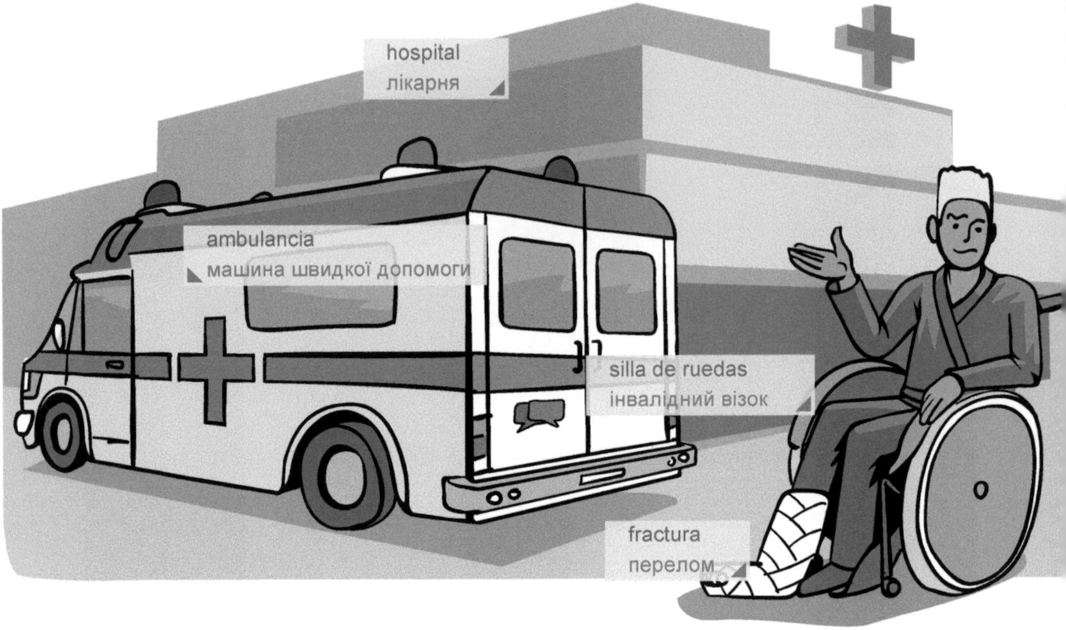
hospital
лікарня
ambulancia
машина швидкої допомоги
silla de ruedas
інвалідний візок
fractura
перелом

médico

лікар

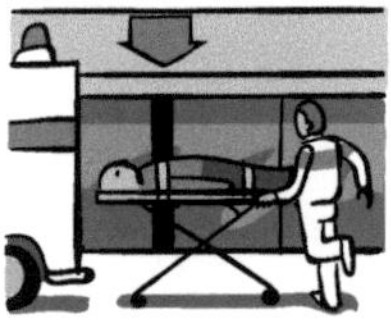

sala de urgencias

відділення швидкої медичної допомоги

enfermera

медсестра

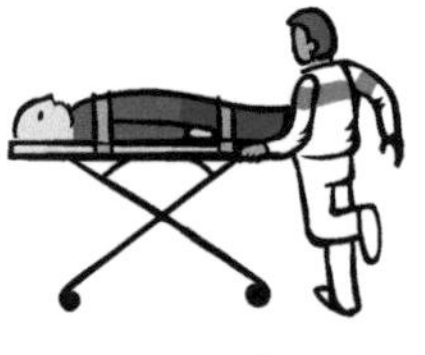

urgencia

аварійний випадок

inconsciente

непритомний

dolor

біль

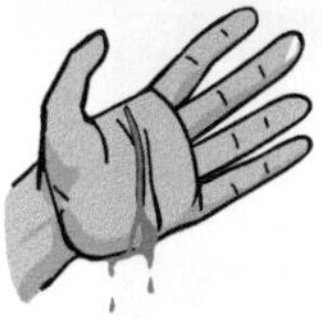

lesión

травма

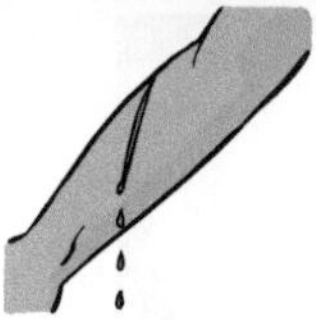

hemorragia

кровотеча

infarto

інфаркт

ictus

інсульт

alergia

алергія

tos

кашель

fiebre

лихоманка

gripe

грип

diarrea

пронос

dolor de cabeza

головна біль

cáncer

рак

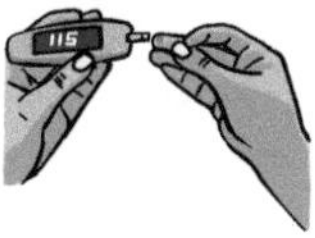

diabetes

діабет

cirujano

хірург

bisturí

скальпель

operación

операція

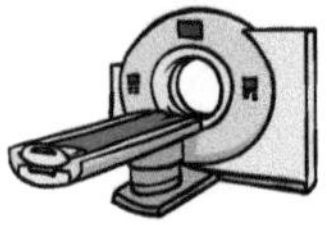

TAC

КТ

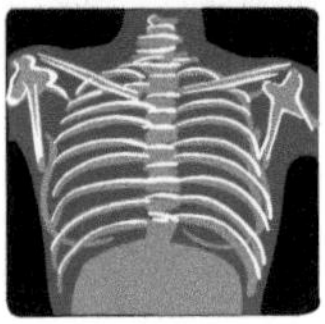

rayos x

рентген

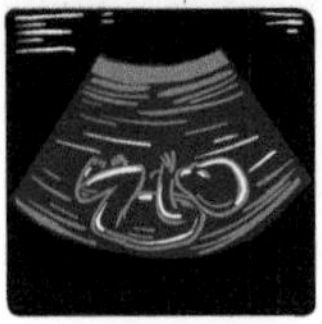

ultrasonido

ультразвук

mascarilla

маска

enfermedad

хвороба

sala de espera

зал очікування

muleta

милиця

tirita

пластир

venda

пов'язка

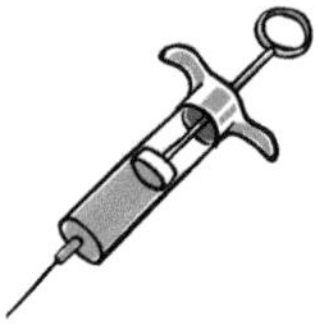

inyección

ін'єкція

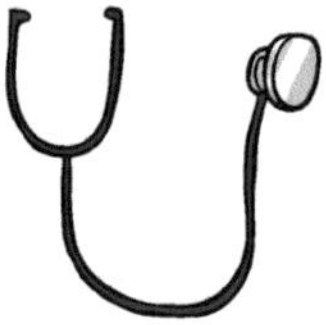

estetoscopio

стетоскоп

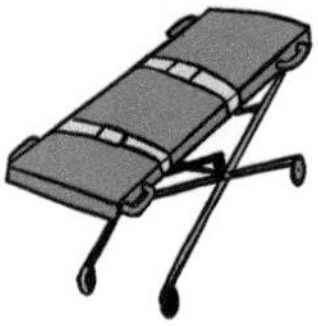

camilla

ноші

termómetro

термометр

nacimiento

народження

sobrepeso

надмірна вага

audífono

слуховий апарат

desinfectante

дезінфікуючий засіб

infección

інфекція

virus

вірус

VIH / SIDA

ВІЛ / СНІД

medicina

медицина

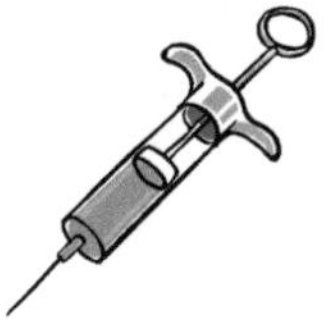

vacunación

вакцинація

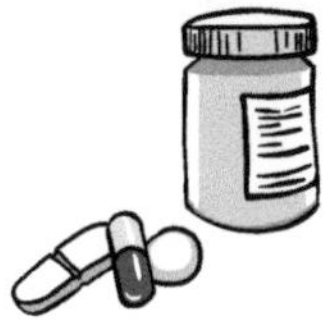

tabletas

таблетки

pastilla

протизаплідна пігулка

llamada de urgencia

екстрений виклик

tensiómetro

тонометр

enfermo / sano

хворий / здоровий

urgencia
аварійний випадок

¡Socorro!

Допоможіть!

alarma

сигнал тривоги

asalto

напад

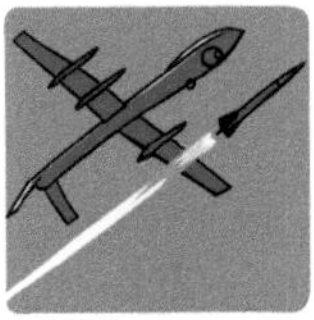

ataque

атака

peligro

небезпека

salida de emergencia

аварійний вихід

¡Fuego!

Вогонь!

extintor de incendios

вогнегасник

accidente

аварія

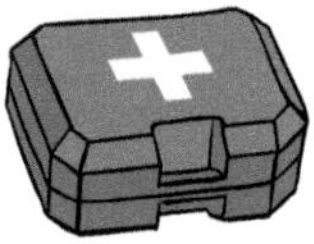

botiquín de primeros auxilios

аптечка

SOS

СОС

policía

поліція

tierra
Земля

Europa

Європа

Norteamérica

Північна Америка

Sudamérica

Південна Америка

África

Африка

Asia

Азія

Australia

Австралія

Atlántico

Атлантика

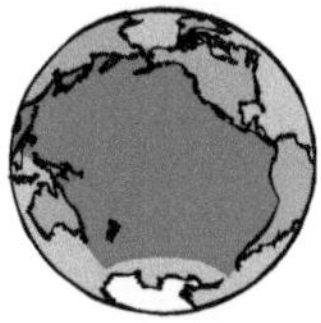

Pacífico

Тихий океан

Océano Índico

Індійський океан

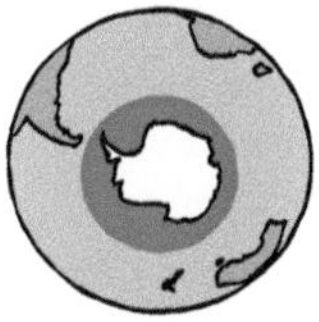

Océano Antártico

Антарктичний океан

Océano Ártico

Північний Льодовитий океан

polo norte

Північний полюс

polo sur

Південний полюс

Antártida

Антарктика

tierra

Земля

tierra

суша

mar

море

isla

острів

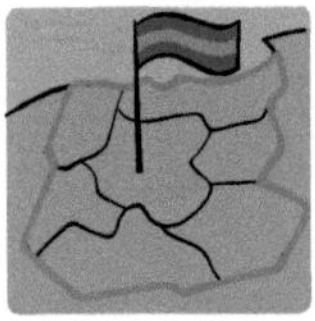

nación

нація

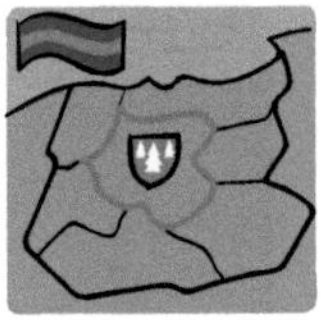

estado

держава

hora(s)
годинник

esfera

циферблат

manecilla de las horas

годинникова стрілка

minutero

хвилинна стрілка

segundero

секундна стрілка

¿Qué hora es?

Котра година?

día

день

tiempo

час

ahora

зараз

reloj digital

цифровий годинник

minuto

хвилина

hora

година

semana
тиждень

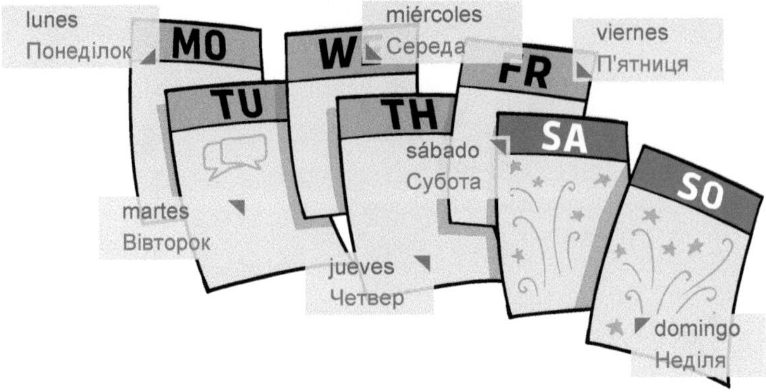
lunes
Понеділок
miércoles
Середа
viernes
П'ятниця
sábado
Субота
martes
Вівторок
jueves
Четвер
domingo
Неділя

ayer

вчора

hoy

сьогодні

mañana

завтра

mañana

ранок

mediodía

опівдні

tarde

вечір

días laborables

робочі дні

fin de semana

кінець робочого тижня

año

рік

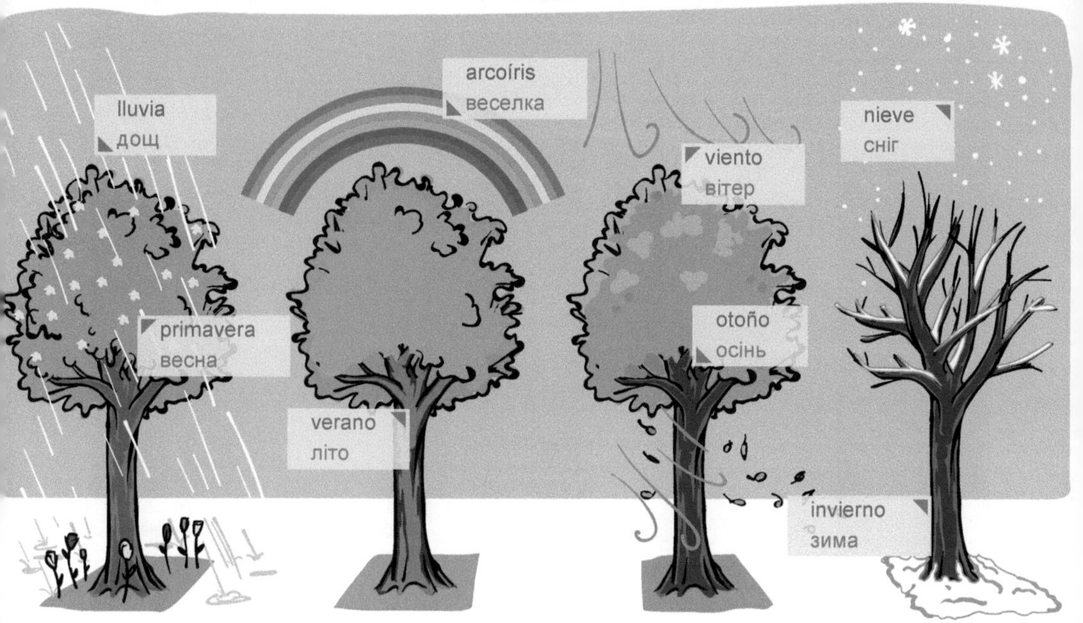

lluvia
дощ
arcoíris
веселка
nieve
сніг
viento
вітер
primavera
весна
otoño
осінь
verano
літо
invierno
зима

4.APRIL 11°
5.APRIL 4°
6.APRIL 13°
7.APRIL 8°
8.APRIL 10°

pronóstico del tiempo

прогноз погоди

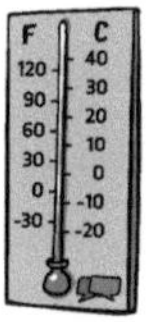

F C
120 40
90 30
60 20
30 10
0 0
-30 -10
-20

termómetro

термометр

sol

сонячне світло

nube

хмара

niebla

туман

humedad

вологість повітря

rayo

блискавка

trueno

грім

tormenta

шторм

granizo

град

monzón

мусон

inundación

повінь

hielo

лід

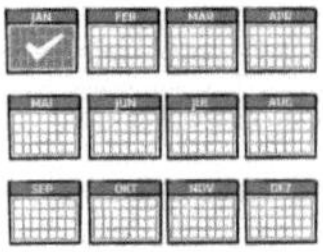

enero

Січень

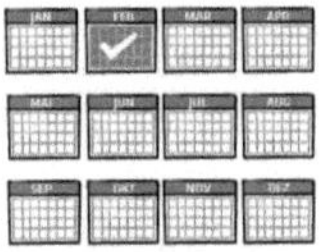

febrero

Лютий

marzo

Березень

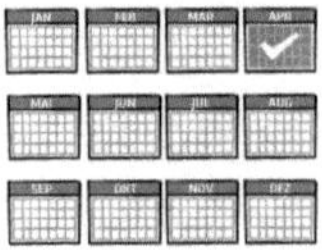

abril

Квітень

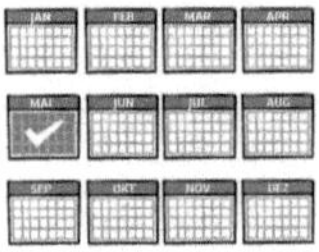

mayo

Травень

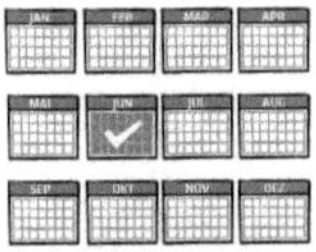

junio

Червень

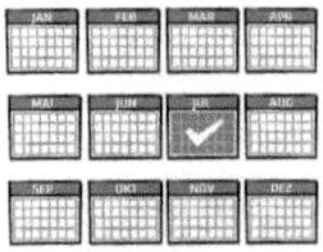

julio

Липень

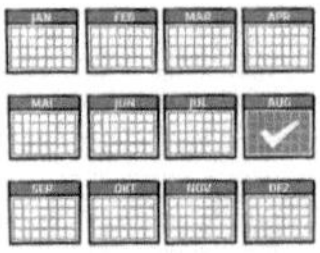

agosto

Серпень

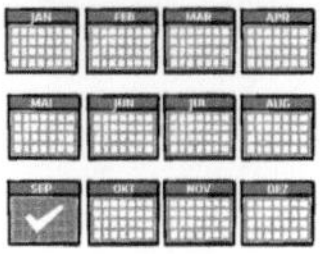

septiembre

Вересень

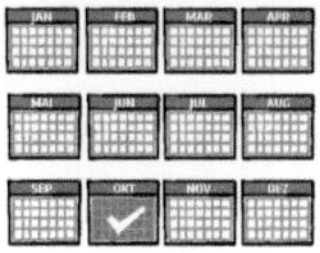

octubre

Жовтень

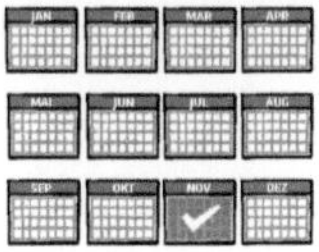

noviembre

Листопад

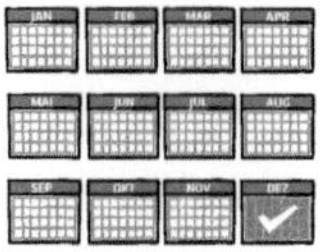

diciembre

Грудень

formas

форми

círculo

круг

cuadrado

квадрат

rectángulo

прямокутник

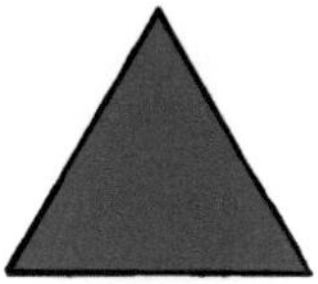

triángulo

трикутник

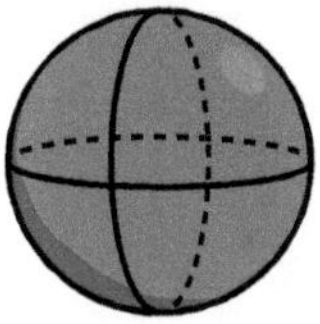

esfera

куля

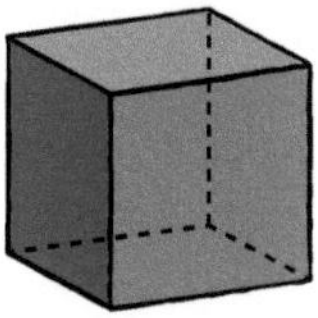

cubo

куб

colores

фарби

blanco

білий

amarillo

жовтий

anaranjado

помаранчевий

rosa

рожевий

rojo

червоний

morado

фіолетовий

azul

синій

verde

зелений

marrón

коричневий

gris

сірий

negro

чорний

opuestos
протилежності

mucho / poco

багато / мало

enojado / tranquilo

лютий / мирний

bonito / feo

гарний / бридкий

principio / fin

початок / кінець

grande / pequeño

великий / малий

claro / oscuro

світлий / темний

hermano / hermana

брат / сестра

limpio / sucio

чистий / брудний

completo / incompleto

завершений / незавершений

día / noche

день / ніч

muerto / vivo

мертвий / живий

ancho / estrecho

широкий / вузький

comestible / no comestible

їстівний / неїстівний

malo / amable

злий / дружній

entusiasmado / aburrido

збуджений / нудьгуючий

gordo / delgado

товстий / тонкий

primero / último

спочатку / востаннє

amigo / enemigo

друг / ворог

lleno / vacío

повний / порожній

duro / blando

жорсткий / м'який

pesado / ligero

важкий / легкий

hambre / sed

голод / спрага

enfermo / sano

хворий / здоровий

ilegal / legal

незаконний / законний

inteligente / tonto

розумний / дурний

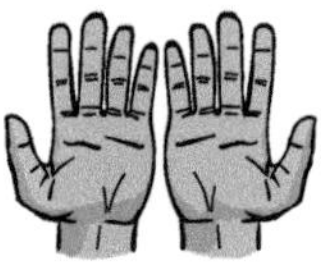

izquierda / derecha

вліво / вправо

cerca / lejos

поруч / далеко

nuevo / usado

новий / використаний

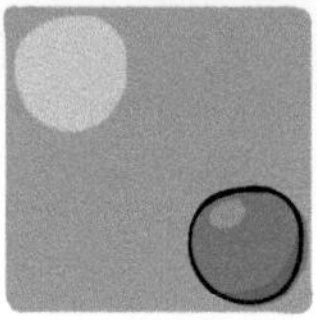

nada / algo

нічого / щось

viejo / joven

старий / молодий

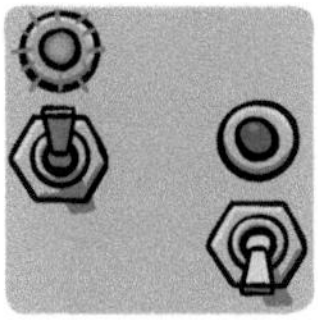

encendido / apagado

вкл / викл

abierto / cerrado

відкрито / закрито

silencioso / ruidoso

тихо / гучно

rico / pobre

багатий / бідний

correcto / incorrecto

правильно / неправильно

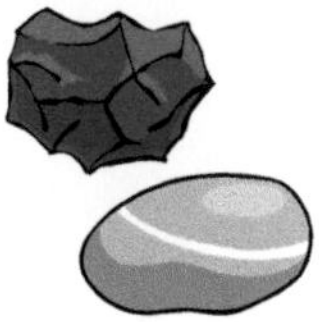

áspero / suave

шорсткий / гладкий

triste / contento

сумний / щасливий

corto / largo

короткий / довгий

lento / rápido

повільно / швидко

húmedo / seco

вологий / сухий

cálido / frío

гарячий / холодний

guerra / paz

війна / мир

números
числа

0	1	2
cero	uno	dos
нуль	один	два
3	4	5
tres	cuatro	cinco
три	чотири	п'ять
6	7	8
seis	siete	ocho
шість	сім	вісім
9	10	11
nueve	diez	once
дев'ять	десять	одинадцять

12

doce

дванадцять

13

trece

тринадцять

14

catorce

чотирнадцять

15

quince

п'ятнадцять

16

dieciséis

шістнадцять

17

diecisiete

сімнадцять

18

dieciocho

вісімнадцять

19

diecinueve

дев'ятнадцять

20

veinte

двадцять

100

cien

сто

1.000

mil

тисяча

1.000.000

millón

мільйон

idiomas

мови

inglés

англійська

inglés americano

американська англійська

chino mandarín

китайська високочиновницька

hindi

хінді

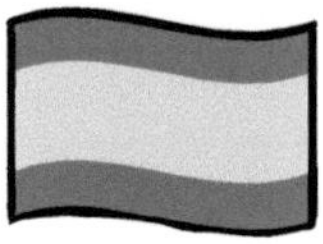

español

іспанська

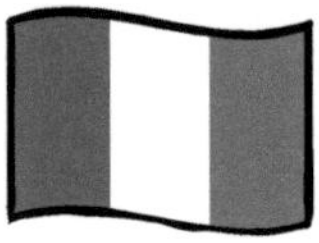

francés

французька

árabe

арабська

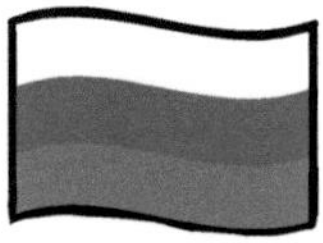

ruso

російська

portugués

португальська

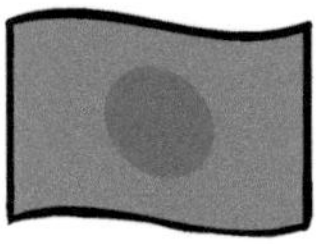

bengalí

бенгальська

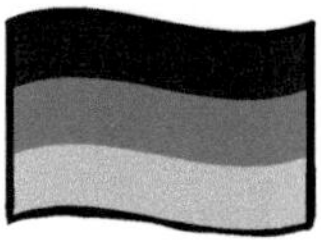

alemán

німецька

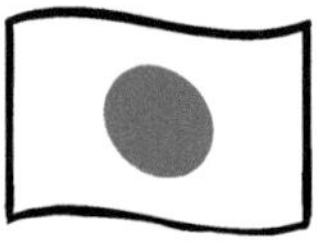

japonés

японська

quién / qué / cómo
хто / що / як

yo

я

tú

ти

él / ella / ello

він / вона / воно

nosotros/as

ми

vosotros/as

ви

ellos/as

вони

¿quién?

хто?

¿qué?

що?

¿cómo?

як?

¿dónde?

де?

¿cuándo?

коли?

nombre

ім'я

dónde

де

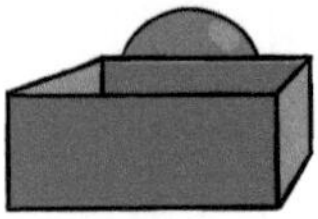

detrás

ззаду

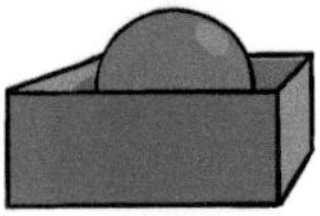

en

в

delante de

перед

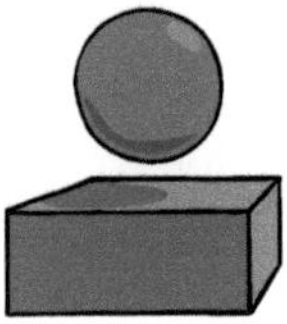

por encima de

над

sobre

на

debajo de

під

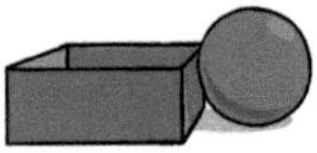

junto a

біля

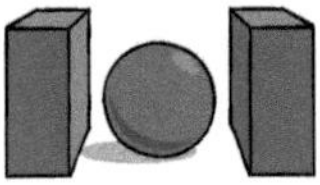

entre

між

lugar

місце